大展好書　好書大展

品嘗好書　冠群可期

【國際武術競賽套路】

②

# 劍 術

國際武術聯合會　審定

李　杰／主編

程慧琨／執筆

大展出版社有限公司

# 《國際武術競賽套路》編委會

主　　編：李　杰

副 主 編：嚴建昌　　　李雅佩

　　　　　吳　彬　　　黃凌海

執行主編：程慧琨　　　韋王楠

編　　委：龐林太　　　馬春喜

　　　　　劉同為　　　李巧玲

　　　　　殷玉柱　　　張躍寧

　　　　　石原泰彥

　　　　　陳志中　　　馮宏芳

執 筆 人：李巧玲（長拳）　程慧琨（劍術）

　　　　　劉同為（刀術）　殷玉柱（棍術）

　　　　　張躍寧（槍術）

# 前　言

　　國際武術聯合會籌備委員會於 1985 年 8 月在中國西安市舉辦的第一屆國際武術邀請賽期間成立。1990 年 10 月在中國北京正式成立了國際武術聯合會。

　　經過十年的努力，國際武術聯合會已發展成擁有世界五大洲 83 個會員協會的國際體育組織，並於 1994 年在摩諾哥被國際體育單項聯合會接納爲正式成員，1999 年 6 月又在韓國漢城舉行的國際奧委會全會上得到國際奧委會的承認。從 1991 年起國際武術聯合會先後在中國、馬來西亞、美國、義大利和中國香港成功地舉辦了五屆世界武術錦標賽。

　　隨著國際武術運動的迅速發展，對武術競賽提出了更高的要求。爲此，中國武術協會受國際武術聯合會的委託，組織了部分會員協會的專家創編了新的國際武術競賽套路，包括長拳、劍術、刀術、棍術和槍術，經國際武聯技術委員會審定，並在 1999 年 11 月香港國際武聯代表大會上通過。現出版五個套路的書籍作爲向國際武術聯合會成立十周年的獻禮。

# 目　錄

5

動作名稱

# 第一段

1. 預備勢

2. 丁字步前指

3. 上步單拍腳

4. 轉身雲接劍

5. 跳叉步刺劍

6. 上步剪腕花

7. 翻腰剪腕花

8. 弓步刺劍

9. 併步半蹲刺劍

10. 退步剪腕花

11. 弧行步穿劍

12. 騰空後點劍

13. 擊步拉腿翻身跳

14. 坐盤刺劍

# 第二段

15. 探海平衡

16. 臥雲平衡

17. 上步刺劍

18. 翻身掃劍

動作說明

圖1

第一段

## 1.預備勢

　　兩腳丁字步站立，左腳尖向前方，面向右斜前方；左手反握劍柄，劍身垂直緊貼前臂內側，右手五指併攏貼靠右腿外側，兩臂微屈；目視前方。（圖1）

　　註：圖中實線表示下一動右手、右腳和劍尖的運行路線，虛線表示左手、左腳和劍柄的運行路線。

11

圖 2-1

第一段

## 2.丁字步前指

　　（1）兩腳站立；上體左轉，右手成劍指經右腰側向左前方穿出，手心向上，左手持劍上擺體左側；目視左前方。（圖 2-1）

圖 2-2

第一段

　（2）右臂內旋右劍指手心斜向下直臂向右平擺，左手持劍隨之平擺；目視左前方。（圖 2-2）

13

圖 2-3

第一段

（3）上體右轉，右劍指繼續向右平擺至斜後方，手心向下，左手持劍平擺斜前方；目視右前方。（圖2-3）

圖 2-4

第一段

　（4）上體左轉，右劍指屈肘經右腰側向斜前方直臂伸出，虎口向上，與肩同高，左手持劍屈肘收至左肩前，劍身貼靠前臂內側；目視右劍指方向。（圖2-4）

15

圖 3-1

第一段

### 3.上步單拍腳

（1）右腿屈膝下蹲，左腳向斜後方落步，前腳掌著地，腿伸直；上體右轉左手持劍向下、向前上方擺起，右劍指向上、向右後擺落；目視右後方。（圖 3-1）

圖 3-2

第一段

（2）上體左轉；重心上起，右腿伸直，左腳向前上步；右劍指成掌經下向上擺起，左手持劍向下、向後擺出；目視前方。（圖 3-2）

圖 3-3

第一段

（3）左腿直立並獨立支撐，右腿向前上
方直腿擺踢，腳面繃平；右手下落掌心拍擊右
腳面，左手持劍置於體左側；目視右手。（圖
3-3）

圖 4-1

第一段

## 4. 轉身雲接劍

（1）右腿向前落步，腿微屈；上體微左轉，右劍指屈肘下落左肩前，左手持劍後擺；目視左前方。（圖4-1）

圖 4-2

第一段

（2）兩腿動作不變；右劍指向右平擺；
目隨視右劍指。（圖4-2）

圖 4-3

第一段

　（3）以右腳前腳掌為軸，身體右後轉，
左腳向右腳靠攏，前腳掌著地，兩腿伸直；同
時，左手持劍向上擺起，隨即左臂外旋手心向
上並以腕為軸向左經前向右在頭部上方平繞一
周，右劍指右下擺。（圖4-3）

21

圖 4-4

第一段

　　（4）身體繼續右轉，右腳向後退步，兩
腿微屈膝；左手持劍隨體轉向後、向左平繞，
然後屈肘下落體前，手心向上，右臂屈肘，右
手落於劍柄上方；目視劍尖方向。（圖 4-4）

圖 4-5

第一段

（5）身體右轉，右手接握劍隨體轉向前
平擺，左手成劍指直臂向左後方擺出；目視前
方。（圖 4-5）

圖 4-6

第一段

　　（6）兩腿屈膝下蹲，左腳跟抬起；右手握劍向右經後向前畫弧並屈肘收至右腰側，劍刃向上下，左劍指前擺屈肘收至右肩前，指尖向上；目視右下方。（圖 4-6）

圖5

第一段

## 5. 跳叉步刺劍

雙腳蹬地跳起，左腳向前、右腳向後交叉落步，左腿屈膝，腳尖外展，右腿伸直，前腳掌著地；同時右手握劍向斜上方刺出，左劍指擺至體後，兩臂伸直，虎口向上；目視劍尖方向。（圖5）

25

圖 6-1

第一段

### 6. 上步剪腕花

（1）重心上起，右腳向前上步，腳尖內
扣；右手握劍以腕為軸向下、向上在體左側立
圓繞行一周，左劍指前擺屈肘收至右臂內側；
目視前方。（圖 6-1）

圖6-2

第一段

　（2）重心前移，右手握劍繼續以腕為軸向下、向上在體右側立圓繞行一周；目視前方。（圖6-2）

圖7-1

第一段

## 7.翻腰剪腕花

　　（1）重心移至右腿，左腳向右腳斜後方落步，前腳掌著地；同時右手握劍經下向上、向右在體前立圓繞行，左劍指上擺。（圖7-1）

圖 7-2

第一段

（2）以兩腳掌為軸，身體向左後翻轉；
左劍指繼續向上、向左掄擺，右手握劍隨翻轉
經下向上擺起；目視右前方。（圖 7-2）

圖 7-3

第一段

　（3）左腿微屈支撐，右腿向右前擺起，
腳面繃平；右手握劍向右、向下擺落隨即臂內
旋，左劍指屈肘擺至右臂內側；目視右前方。
（圖 7-3）

圖 7–4

第一段

（4）左腿蹬地跳起，小腿向後擺踢，右
腿在空中左擺；同時，右手握劍以腕為軸向
下、向上在體前立圓繞行；目視右前方。（圖
7-4）

圖 7-5

第一段

（5）右腳落地，左腳向左落步，腳尖外
展，兩腿屈膝；右手握劍下擺屈肘收至右腰側
，左劍指經下向左擺出，虎口向上；目視左前
方。（圖 7-5）

圖8

第一段

## 8. 弓步刺劍

　　身體左轉，左腿屈膝，右腿伸直成左弓步；右手握劍向前直臂刺出，與肩同高，劍刃向上下，左劍指屈肘收至右臂內側，指尖向上；目視前方。（圖8）

33

圖 9-1

第一段

## 9. 併步半蹲刺劍

（1）重心後移，右腿屈膝；右手握劍臂外旋手心向上，然後向下、向後回帶，左劍指手心向下，指尖向右並經右臂沿劍身上方向前推出；目視左劍指。（圖 9-1）

圖 9-2

第一段

　（2）身體右轉，重心上起，左腿伸直；右手握劍隨體轉向右上帶起，同時，右臂內旋手心翻向外，左臂內旋伸直，反臂手心向上；目視右前方。（圖 9-2）

35

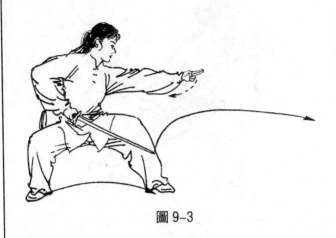

圖 9-3

## 第一段

（3）身體左轉，兩腿屈膝；右手握劍臂外旋屈肘向下擺落右腰側，手心向上，左臂外旋舉於體左側；目視左前方。（圖 9-3）

圖 9-4

第一段

　（4）身體左轉，右腳向左腳內側落步震
腳，兩腿屈膝半蹲；右手握劍向前下方刺出，
劍尖高不過腰，左劍指屈肘收至右臂內側，指
尖向上；目視前下方。（圖9-4）

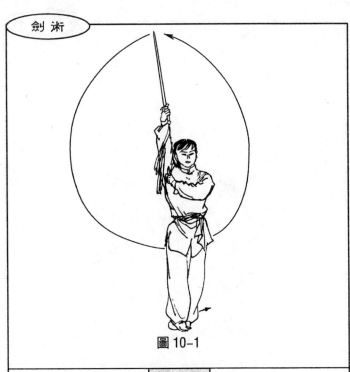

圖 10-1

第一段

## 10. 退步剪腕花

（1）重心上起，兩腿伸直，腳跟抬起；身體右轉，右手握劍上舉，左劍指屈肘收至右肩前；目視前方。（圖 10-1）

圖 10-2

第一段

（２）身體微右轉，重心後移，右腳向後
退步，前腳掌著地，兩腿微屈；右手握劍以腕
為軸向下、向上在體右側立圓繞行一周；目視
前方。（圖 10-2）

39

圖 10-3

第一段

　　（3）重心後移，左腳向左斜後方退步，前腳掌著地；上體右轉，右手握劍向下、向後擺出，左劍指向前上方伸出；目視前方。（圖10-3）

圖 11-1

第一段

## 11. 弧形步穿劍

（1）身體左轉，重心移至兩腿間，腿微屈；右手握劍向上、向下掛劍並屈肘收至右腰側，手心向上，左劍指隨體轉經下向上擺起。（圖 11-1）

41

圖 11-2

第一段

　　（2）身體繼續左轉，重心移至左腿並獨
立支撐，右腿屈膝向上抬起，小腿內扣，腳面
繃平；右手握劍穿至腹前，手心向上，左劍指
舉於頭部上方；目視前方。（圖 11-2、2反）

圖 11-2 反

第一段

反面圖

圖 11-3

第一段

（3）重心右前移，右腳向右前方落步，
腳尖外展；右手握劍向左穿出，手心向上，左
劍指屈肘下落體前，手心向下。（圖 11-3）

圖 11-4

第一段

（4）重心右前移，左腳向右前方上步，
腳尖內扣；右手握劍繼續向前、向右前方平穿
，手心向上，左劍指屈肘擺至左腰側；目視右
前方。（圖11-4）

圖 11-5

第一段

　　（5）重心右前移，右、左腳依次向右前方上步，右腳尖外展、左腳尖內扣；右手握劍繼續向右前穿，左劍指平擺體側；目視右前方。（圖 11-5、6）

圖 11-6

第一段

圖 11-7

第一段

（6）右腳向右前方上步，腳尖外展；右手握劍繼續向上擺起；目隨視劍尖方向。（圖11-7）

圖 11-8

第一段

　　（7）左腳向前上步，腳尖內扣；右手握劍經上向左擺落，手心向下，左劍指屈肘收至右腕上方，手心向下；目隨視左前方。（圖11-8）

圖11-9

第一段

（8）身體微右轉，右腳向前上步；右手
握劍下落腹前，虎口向上，劍刃向上下，左劍
指置於右腕上方。（圖11-9）

圖 11-10

第一段

（9）上體微右轉，左腳向前上步，兩腿微屈；右手握劍經體左側向前擺出，虎口向下，左劍指後擺；目視前方。（圖11-10）

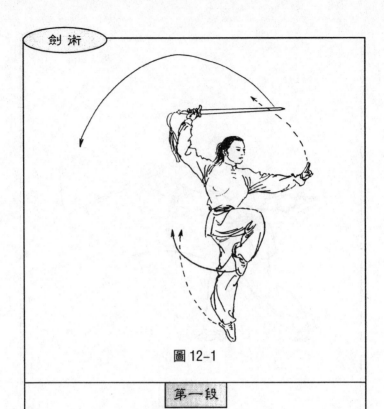

圖 12-1

第一段

## 12. 騰空後點劍

（1）左腳蹬地跳起，右腿屈膝上抬，腳面繃平；右手握劍向前、向上擺起，左劍指經下向前掄擺；目視前方。（圖 12-1）

52

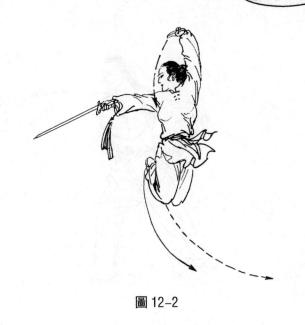

圖 12-2

第一段

　　（2）兩腿小腿迅速向後上擺起，腳面繃平；同時，右手握劍繼續向上、向後點劍，劍柄高於劍尖，左劍指向上擺至頭部斜上方；目視後方。（圖 12-2）

圖 13-1

第一段

## 13. 擊步拉腿翻身跳

（1）右腳落地，左腳向前落步；右手握劍舉於體後方，左劍指屈肘經面前下落右肩前，指尖向上；目視前方。（圖 13-1）

圖 13-2

第一段

（2）左腳蹬地跳起，右腳前擺在空中擊
碰左腳，兩腿伸直，腳面繃平；右手握劍舉於
斜下方，左劍指經胸前向前直臂伸出，指尖向
前；目視前方。（圖 13-2）

圖 13-3

第一段

　（3）右、左腳向前依次落地，兩腿微
屈；右手握劍扣腕向上擺起，左劍指下落；目
視前下方。（圖 13-3）

圖 13-4

第一段

（4）右腳向前上步，腳尖內扣，身體左
轉，兩腿屈膝；右手握劍向上、向下掛劍，左
劍指直臂向下、向左掄擺。（圖 13-4）

圖 13-5

第一段

（5）右腳蹬地，左腿向左上直腿擺起，
腳面繃平；身體向左上方翻轉；右手握劍經下
向左掄掛劍，左劍指向上擺起。（圖 13-5）

圖 13-6

第一段

　　（6）右腳蹬地跳起後直腿上擺，身體在
空中繼續向左翻轉，左腿隨之經上向左擺動，
兩腳面繃平；右手握劍繼續向上掛劍，左劍指
直臂向左掄擺；目視前方。（圖 13-6）

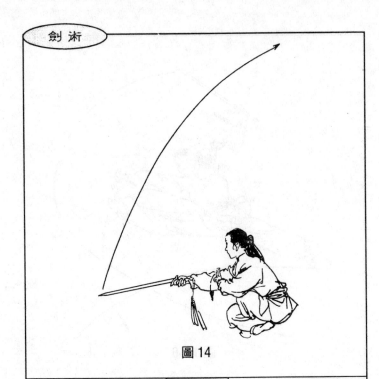

圖 14

第一段

### 14. 坐盤刺劍

　　在空中身體繼續向左翻轉，左腿下擺落地後屈膝，右腿隨體轉屈膝前收落地並於左腿交叉成坐盤，左腿在上；同時，右手握劍經右腰側向前下方刺出，手心向下，左劍指屈肘收至右臂上方；目視劍尖方向。（圖 14）

圖 15-1

第二段

## 15. 探海平衡

　（1）重心上起，兩腿直立，右腳收至左
腳後方；身體右轉，右手握劍直臂上舉，左劍
指下擺；目視前方。（圖 15-1）

圖 15-2

第二段

（2）重心前移，右腳向右前方上步；右手
握劍臂外旋以腕為軸向前、向下繞行，左劍指
上擺；目視前方。（圖 15-2）

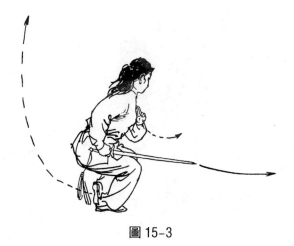

圖 15-3

## 第二段

（3）重心前移，左腳向右腳內側併攏，
腳尖點地，兩腿屈膝半蹲；右手握劍繼續以腕
為軸經下向上、向前在體右側立圓繞行並屈肘
收至右腰側，左劍指前擺收至右肩前，指尖向
上；目視前下方。（圖 15-3）

圖 15-4

## 第二段

（4）右腿獨立支撐，左腿向後上方伸
出，腳面繃平，兩腿伸直；上體前俯，右手握
劍向前下方刺出，劍刃向上下，左劍指置於右
臂內側；目視前下方。（圖 15-4、4反）

註：此動作為持久性平衡，靜止時間不得
少於 2 秒。

圖 15-4 反

第二段

反面圖

圖 16

第二段

## 16. 臥雲平衡

　　右腿獨立支撐，左腿屈膝小腿回收，腳面
繃平，腳高於頭部；右手握劍經下向後斜上方
反臂撩劍，虎口向下，左劍指向左擺至頭部左
上方，臂微屈，上體前俯並向右後擰轉；目視
右前方。（圖 16、16 側）

**圖 16 側**

第二段

側面圖

　註：此動作為持久性平衡，靜止時間不得少於 2 秒。

圖 17

第二段

## 17. 上步刺劍

上體直起，重心前移，左腳向前落步，右腳跟抬起；右手握劍經右腰側向前刺出，與肩同高，虎口向上，左劍指直臂後擺；目視前方。（圖17）

圖 18-1

第二段

## 18. 翻身掃劍

（1）左腿微屈，右腿前伸，腳面繃平，腳尖點地，重心偏後；上體後仰，右手握劍經右向後平掃，劍尖微高於肩，手心向下，臂伸直，左劍指經前向右平擺屈肘收至右肩前；仰頭，目視後方。（圖 18-1）

69

圖 18-2

第二段

（2）身體向左上方翻轉；右手握劍臂前
伸；目視前方。（圖 18-2）

圖 18-3

第二段

（3）上體直起，重心移至兩腿間；右手握劍平舉體前，左劍指平擺斜後方；目視前方。（圖 18-3）

圖 18-4

第二段

　（4）身體右轉，重心前移；右手握劍隨
體轉向前平掃，手心向下，左劍指隨之直臂平
擺；目隨視劍尖。（圖 18-4）

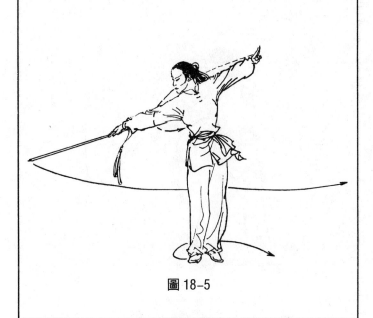

圖 18-5

第二段

（5）以右腳前腳掌為軸，身體繼續右轉，左腳落於右腳內側，前腳掌著地，兩腿伸直；右手握劍隨體轉向右掃劍，手心向下，左劍指上擺；目隨視劍尖。（圖 18-5）

圖18-6

第二段

（6）以左腳前腳掌為軸，身體繼續右
轉，右腳隨後向右落步，兩腿直立；右手握劍
隨體轉擺至體右側斜下方，手心向下，左劍指
向右擺至右肩前，指尖向上；目視劍尖。（圖
18-6）

圖 19-1

第二段

### 19. 左右掛劍

（1）兩腳站立；右手握劍臂外旋扣腕，劍尖上擺，左劍指向上、向左前擺出；目視左前方。（圖 19-1）

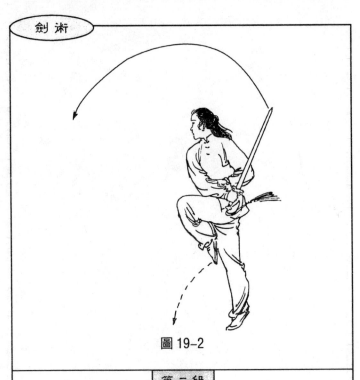

圖 19-2

第二段

　　（2）身體左轉，重心前移，右腿獨立支
撐，左腿屈膝向上抬起，腳面繃平；右手握劍
經上向前、向後在體左側立圓掛劍，左劍指下
落右臂內側；目視前方。（圖 19-2）

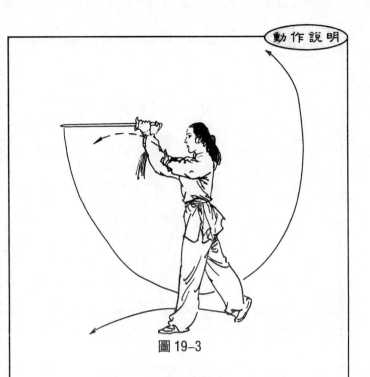

圖 19-3

第二段

（3）左腳向前落步；右手握劍臂外旋繼
續向上、向前掛劍，左劍指置於右臂內側；目
視前方。（圖 19-3）

圖 19-4

第二段

（4）右腳向前上步；上體微右轉，右手
握劍繼續向下、向後上掛劍，左劍指向前伸
出；目視前方。（圖 19-4）

圖 20-1

第二段

## 20. 轉身穿掛劍

（1）左腳向前上步，腳尖微內扣，兩腿
微屈；右手握劍屈肘手腕內扣使劍尖沿身體右
側下落再沿背部向左上方穿出，手心向外，手
背靠近背部，左劍指經體前向上穿出。（圖
20-1）

79

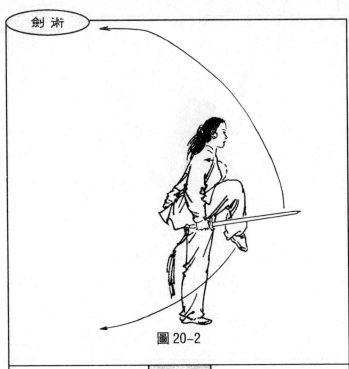

圖 20-2

第二段

（2）左腿獨立支撐並以前腳掌為軸，身體右轉，右腿屈膝上抬，小腿內扣，腳面繃平；右手握劍隨體轉手腕翻轉下落使劍尖向後、向下立圓繞行，左劍指下落體左側；目視前方。（圖 20-2）

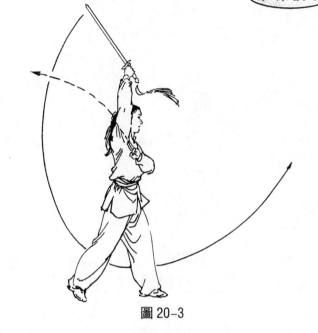

圖 20-3

第二段

　　（3）右腳向後落步，前腳掌著地；右手
握劍向前、向上掛劍，左劍指上擺屈肘收至右
肩前；目視前方。（圖 20-3）

81

圖 21-1

第二段

## 21. 提膝刺劍

（1）身體繼續右轉，重心移至右腿；右手握劍隨體轉繼續向下、向後掛劍，左劍指向前上方伸出，指尖向上；目視前方。（圖 21-1）

圖 21-2

第二段

（2）左腳向前上步，腳尖外展；右手握
劍向上、向前掄擺，左劍指經下向後擺；目視
前方。（圖 21-2）

圖 21-3

第二段

（3）右腳向前上步，腳尖內扣，兩腿微
屈；右手握劍以右腕為軸向下、向上在體前立
圓繞行一周，身體左轉，左劍指直臂上擺；目
視左前方。（圖 21-3）

圖 21-4

第二段

　　（4）身體左轉；重心移至右腿並獨立支撐，左腿屈膝上抬，小腿內扣，腳面繃平；右手握劍經右腰側向右前方刺出，劍刃向上下，與肩同高，左劍指上擺舉於頭部左上方；目視右前方。（圖 21-4）

圖 22-1

第二段

## 22. 持劍旋子

（1）右手握劍臂外旋左擺並屈肘收至體右前方，手心向上，左劍指成掌下落劍柄上方，手心向下；目視左手。（圖 22-1）

圖 22-2

第二段

　（2）身體左轉；左腳向前落步，腳尖微
外展；左手接握劍柄後隨體轉向左平擺，右手
成劍指舉於體右側；目視前方。（圖22-2）

圖 22-3

第二段

（3）右腳向前上步，腳尖內扣；身體左轉，左手持劍上擺，右臂左擺。（圖 22-3）

圖 22－4

第二段

（4）身體繼續左轉；重心後移，右腳蹬離地面即刻向後墊步，左腳向左後退步，前腳掌著地，兩腿屈膝；左手持劍右擺並下落體前，右臂後擺，上體前俯；目視斜下方。（圖22－4）

圖 22-5

第二段

（5）上體平俯向左後擰轉，重心移至左
腿時蹬地，右腿向後上方擺起；左手持劍平擺
體左側，右臂隨體轉平擺。（圖 22-5）

圖 22-6

第二段

（6）上體繼續平俯向左擰轉，右腿擺落，左腿蹬地後上擺，兩腿伸直，腳面繃平；兩臂自然擺動；目視前下方。（圖 22-6）

圖 22-7

第二段

　（7）右腳落地，左腿繼續右擺；左手持劍下落，右臂後擺；目視前方。（圖 22-7）

圖 22-8

第二段

（8）左腳向後落步，兩腿微屈；身體左轉，左手持劍經前向左平擺，右劍指平擺體側；目視左前方。（圖 22-8）

93

圖 22-9

第二段

（9）身體繼續左轉，左腿直立，右腿蹬
直後前腳掌著地收至左腳斜後方；左手持劍直
臂向左平擺，右劍指左擺並屈肘收至左肩前；
目視左前方。（圖 22-9）

圖 23-1

第二段

## 23. 轉身雲劍

（1）身體右轉；右腳向前上步，腳尖微
外展；右劍指隨體轉向前平擺，左手持劍舉於
體側；目視前方。（圖 23-1）

95

圖 23-2

第二段

（2）左腳向前滑步；左手持劍經左向右
上方擺起，手心向上，使劍尖經後向前擺出，
右劍指擺至體後。（圖 23-2）

圖 23-3

第二段

　（3）左腳向前上步，腳尖內扣，前腳掌著地；身體繼續右轉，左手持劍臂外旋並以腕為軸使劍向前、向後在頭部上方平圓繞行一周，右臂後擺；目視前方。（圖 23-3）

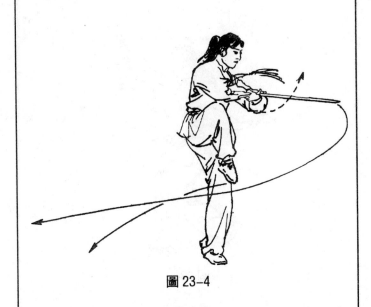

圖 23-4

第二段

（4）身體繼續右轉，左腿獨立支撐，右腿屈膝上抬，腳面繃平；左手持劍屈肘下落體前，手心向上，右臂前擺，右手心向下收至劍柄上方；目視左前方。（圖 23-4）

圖24

第二段

## 24. 仆步截劍

右腳向右落步，左腿屈膝全蹲成右仆步；上體微右轉，右手接握劍向前、向右截劍，手心向下，左手成劍指直臂舉於斜上方；目視劍尖方向。（圖24）

99

圖 25-1

第二段

## 25. 丁步點劍

（1）重心上起並右移，兩腿屈膝；右手握劍臂內旋上抬，劍尖下落，左劍指右擺收至右臂內側；目視右前方。（圖 25-1）

圖 25-2

第二段

（2）重心上起；右手握劍以腕為軸向下、向上在體左側立圓繞行，左劍指動作不變。（圖 25-2）

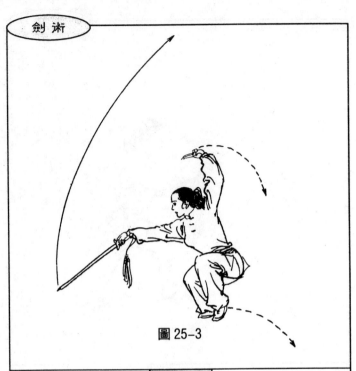

圖 25-3

第二段

（3）上體微右轉；右手握劍繼續以腕為
軸經下向後、向上在體右側立圓繞行並向右前
下方點劍，左劍指上擺至頭部左上方；同時上
體左轉，右腿屈膝半蹲，左腳向右腳內側上
步，腳尖點地成丁步；目視劍尖方向。（圖
25-3）

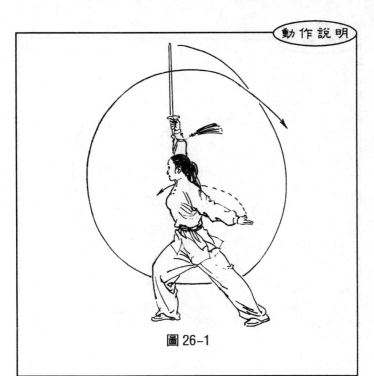

圖 26-1

第二段

## 26. 盤腿反撩劍

（1）上體微右轉；重心上起，左腳向左
後方退步；右手握劍向上擺起，左劍指直臂下
落斜下方；目視前方。（圖 26-1）

103

圖 26-2

第二段

（2）右手握劍以腕為軸經後向下、向上在體右側立圓繞行一周後身體左轉，然後右臂微屈肘下落體前；兩腿微屈；左劍指下擺體左側；目視前方。（圖 26-2）

圖 26-3

第二段

　（3）重心移至右腿，屈膝半蹲並獨立支撐，左腿屈膝小腿上擺，左腳踝關節放至右大腿上方；右手握劍臂內旋經下向右後上方反臂撩出，虎口向下，左劍指微屈肘擺至頭部左上方；目視右上方。（圖 26-3）

圖 27-1

第二段

### 7.插步穿劍

（1）重心上起，右腳蹬地後屈膝上抬，左腿向左後擺起；右手握劍臂外旋屈肘上抬，劍身擺收體前，劍尖低於劍柄，左劍指下擺；目視前方。（圖 27-1）

圖 27-2

第二段

（2）左腳落地，腳尖外展，左腿屈膝下
蹲，右腳向左腳後方落步，前腳掌著地；上體
向左擰轉，右手握劍經體前向左下方穿出，手
心向上，左劍指下落並屈肘收至右臂內側，手
心向下；目視劍尖方向。（圖 27-2）

圖 28-1

第二段

## 28.轉身雲劍

（1）身體右轉，左腿伸直，右腳向右前方上步；右手握劍經體前向右上方擺起，手心向上，左劍指隨右臂上擺；目視前上方。（圖28-1）

圖 28-2

第二段

　　（2）以右腳前腳掌為軸，身體繼續右
轉；左腳向右腳內側靠攏，前腳掌著地；右手
握劍以腕為軸隨體轉向前、向後在頭部上方平
圓繞行一周，左劍指下擺體後。（圖 28-2）

圖 28-3

第二段

　　（3）身體繼續右轉，左腿直立並獨立支撐，右腿屈膝上抬，小腿內扣；右手握劍隨體轉在頭部上方向左平擺，左劍指平擺體左側；目視左前方。（圖 28-3）

圖 29-1

第二段

### 、29. 弓步背劍

（1）左腳蹬地跳起後屈膝，小腿向右擺
起，右腳下落；右手握劍經右向下、向左上在
體後方立圓繞行並屈肘收至背後，手心向外，
劍身貼於背部，劍尖向左上方，左劍指經下右
擺屈肘收至右肩前；目隨視左劍指。（圖 29-
1）

111

圖 29-2

第二段

（2）右腳落地，屈膝半蹲，左腳向左落步，腿伸直成右弓步；上體微右轉；目視左劍指。（圖29-2）

圖 29-3

第二段

（3）兩腿動作不變；左劍指向左前方直臂擺出，虎口向上，微高於肩；目視左前方。（圖 29-3）

圖 30-1

第三段

## 30. 丁步架劍

（1）重心左移，兩腿微屈；上體左轉，右手握劍以劍柄領先經下向左、向上擺起，劍尖低於劍柄，左劍指屈肘收至右臂內側，指尖向上；目視左前方。（圖 30-1）

圖 30-2

## 第三段

（2）重心右移，左腳蹬地後向右腳內側
靠攏，腳尖點地，兩腿屈膝半蹲成丁步；上體
微右轉，右手握劍繼續以劍柄領先右向上擺
起，平架頭部上方，劍刃向上下，左劍指置於
右肩前；目視左前方。（圖 30-2）

115

圖 31-1

第三段

### 31. 上步撩劍

（1）重心上起，左腳向左前方上步；右
手握劍架於頭部上方，左劍指經體前下擺；目
視左前方。（圖 31-1）

圖 31-2

第三段

　　（2）身體微左轉，重心前移；右腳向前
上步；右手握劍經上後擺，左劍指向前、向上
擺起；目視斜上方。（圖 31-2）

圖 31-3

## 第三段

　　（3）身體左轉；右腿直立，左腳向右腳後方退步，前腳掌著地；右手握劍經後向下、向前上方撩出，臂外旋，劍刃向上下，左劍指經上擺至體左後方，兩臂伸直；目視劍尖方向。（圖 31-3）

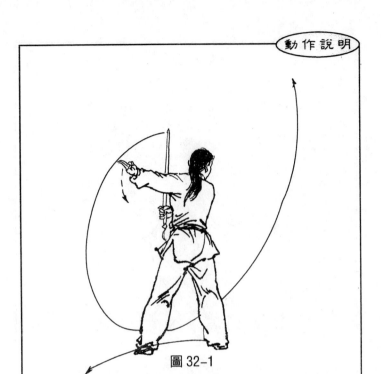

圖 32-1

第三段

## 32. 退步反撩劍

（1）右腿微屈，左腳向左後退步，前腳掌著地；右手握劍經上左擺並屈臂下落；目視前方。（圖 32-1）

圖 32-2

第三段

（2）重心後移，左腿微屈，右腳向後退步，前腳掌著地；右手握劍臂內旋繼續經後向下、向前上方撩出，虎口向下，左劍指下落；目視劍尖方向。（圖 32-2）

圖 32-3

第三段

（3）身體右轉，右腿直立，左腳隨體轉前腳掌著地滑至右腳斜後方；右手握劍臂外旋繼續向上、向右擺落，手心向上，劍與肩同高，左劍指上擺至頭部左上方；目視右前方。（圖32-3）

121

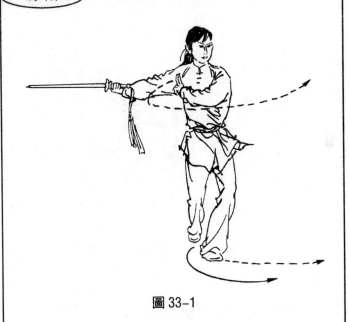

圖 33-1

第三段

## 33. 弧行步裡合拍腳

（1）重心下落，左腳向斜前方上步，腳尖外展，右腿前蹬，腳跟抬起；右手握劍舉於體右側，左劍指屈肘下落右肩前；目視左前方。（圖33-1）

圖 33-2

第三段

（２）右腳向左腳斜前方上步，腳尖內
扣，左腳向左前方上步，腳尖外展，兩腿微
屈；右臂動作不變，左劍指向前、向左平擺；
目隨視左劍指。（圖33-2）

圖 33-3

第三段

（3）右腳繼續向左腳斜前方上步，腳尖
內扣，左腳向左前方上步，腳尖外展，兩腿微
屈；右臂動作不變，左劍指繼續向左平擺。
（圖 33-3）

圖 33-4

第三段

（4）右腳繼續向左腳斜前方上步，腳尖
內扣，身體左轉並向左微傾斜，左腳向左前方
上步，腳尖外展，兩腿微屈；右臂動作不變，
左劍指繼續向左平擺。（圖 33-4）

125

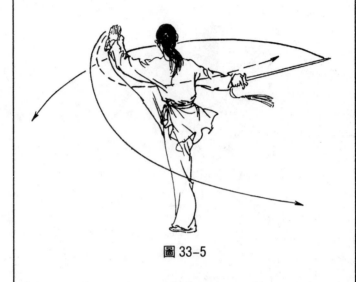

圖33-5

第三段

（5）身體繼續左轉；左腿直立並獨立支撐，右腿經右向左上直腿擺踢，腳尖內扣；在頭部左上方左掌心拍擊右腳掌；右手握劍舉於體側；目視左手。（圖33-5）

圖 34-1

第三段

## 34. 扣腿截劍

（1）以左腳前腳掌為軸，身體繼續左轉180°，右腳隨即向前落步，腳尖內扣；左劍指繼續平擺，右手握劍動作不變；目視前方。（圖 34-1）

127

圖 34-2

第三段

　　（2）上體左轉，右手握劍經右向前擺
起，手心向下，左劍指左擺下落；目視前方。
（圖 34-2）

圖 34-3

## 第三段

（3）重心右移，身體左轉，右腿微屈並
獨立支撐，左腿屈膝上抬，左腳貼靠右膝後
部；右手握劍經右向前擺出，左劍指上擺右臂
內側，指尖向上。（圖 34-3）

圖 34-4

第三段

（4）上體繼續左轉；右手握劍經前向左、向右在頭部上方平圓繞行一周後臂外旋，向前上方截劍，手心向上，左劍指擺至斜後方，上體後仰；目視劍尖方向。（圖 34-4）

圖 35-1

第三段

## 35. 弓步刺劍

（1）右腿屈膝下蹲，左腳向前落步，腳尖內扣；右手握劍向下屈肘收至右腰側，手心向上，劍刃向左右，左劍指經前向右擺落，屈肘收至劍柄上方，手心向下，上體微右轉；目視前方。（圖 35-1）

131

圖 35-2

第三段

　　（2）身體左轉；左腿屈膝，右腿伸直成
左弓步；右手握劍隨體轉向右前方刺出，手心
向上，左劍指經體前上擺頭部左上方，肘微
屈；目視右前方。（圖35-2）

圖 36-1

第三段

## 36. 退步絞劍

（1）重心上起，左腿獨立支撐，右腿屈膝，小腿向後抬起，腳面繃平；右手握劍以腕為軸向左、向下逆時針立圓繞行；目視劍尖。（圖 36-1）

133

圖 36-2

第三段

　　（2）上體微右轉；左腿屈膝下蹲，右腳向後落步，前腳掌著地，兩腿屈膝成交叉狀；右手握劍繼續以腕為軸向右、向上逆時針立圓繞行，左劍指舉於左斜上方；目視劍尖。（圖36-2）

圖 36-3

第三段

（3）重心上起並後移，左腳向左後方退步，前腳掌著地；右手握劍繼續以腕為軸向經左向下、向上逆時針立圓繞行一周，左劍指自然下落；目視劍尖。（圖 36-3）

圖 37-1

第三段

## 37. 轉身剪腕花

（1）重心後移，右腳向右後方退步，前腳掌著地，兩腿微屈；右手握劍向上、向後擺動，左劍指屈肘前擺；目視前方。（圖37-1）

圖 37-2

（2）身體右轉 180°；右腳跟著地，腳尖微內扣；右手握劍隨體轉經左向下、向上立圓擺起，左劍指下擺體後；目視前方。（圖 37-2）

137

圖 37-3

第三段

（3）身體微右轉；右手握劍繼續以腕為
軸向經前向下、向上在體右側立圓繞行一周；
目視前方。（圖 37-3）

圖 37-4

第三段

　（4）上體向右擰轉；右腿屈膝，左腿伸
直；右手握劍臂內旋向下、向後上方擺出，虎
口向下，左劍指向下、向斜上方擺起；目視後
方。（圖 37-4）

139

圖 38-1

第三段

## 38. 仰身雲劍

（1）身體左轉；右腿微屈，重心在兩腿間；右手握劍隨體轉下擺，左劍指向左斜下方擺出；目視前方。（圖 38-1）

圖 38-2

第三段

　（2）上體後傾；右手握劍經右向前上擺
出，左劍指舉於斜後方；目視前方。（圖38-
2）

141

圖 38-3

## 第三段

　　（3）右手握劍經左向後、向前在頭部上
方平圓繞行一周，手心向上，同時，上體後
仰；抬頭，目視上方。（圖38-3）

圖 39-1

第三段

## 39. 轉身雲劍

（1）上體抬起，身體微右轉；左腳尖微
內扣，右腳微內收，腳尖外展；右手握劍屈肘
帶至體前，左劍指擺至體左側。（圖 39-1）

143

圖 39-2

　　（2）以右腳前腳掌為軸身體右轉，左腳
向右腳前併步，前腳掌著地，腳尖內扣；右手
握劍隨體轉以腕為軸經前向右、向左在頭部上
方平圓繞行一周，左劍指向右平擺至右肩前，
指尖向上；目視左前方。（圖 39-2）

圖 39–3

第三段

（3）兩腿伸直，兩腳前腳掌為軸，身體繼續右轉；右手握劍向前上方擺出，手心向下；目視前上方。（圖 39–3）

圖 40-1

第三段

## 40. 仆步穿劍

（1）右腿屈膝，左腳向左斜後方退步，前腳掌著地；右手握劍向下、向後掄擺，然後，手腕微扣使劍尖上擺，左劍指向前上方伸出；目視前上方。（圖 40-1）

圖40-2

第三段

　　（2）左腿伸直並獨立支撐，右腿屈膝上
抬，小腿內扣，腳面繃平；右手握劍向前上擺
起，臂伸直，左劍指下擺屈肘收至左腰側，手
心向上；目視前上方。（圖40-2）

圖40-3

第三段

（3）左腿屈膝下蹲，右腳向右後方落步，腿伸直，身體右轉成右仆步；落步前右手握劍扣腕使劍尖下落並回收，虎口向下，沿身體右側和右腿內側向右前下方穿出，同時臂外

148

圖40-3反

第三段

旋，虎口向上，左劍指經面前向前上方伸出，
隨體轉直臂舉於左上方；目視劍尖方向。（圖
40-3、3反）

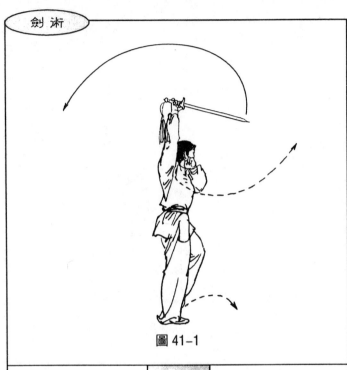

圖 41-1

第三段

## 41. 退步點劍

（1）左腿蹬直，重心右移，右腿先屈膝，然後右腿伸直，左腳再向右腳內側靠攏不著地；同時身體右轉；右手握劍隨重心移動繼續向前穿出並上舉頭部上方，左劍指上擺；目視前方。（圖 41-1）

圖 41-2

第三段

（2）身體繼續右轉，左腳向後落步；同
時，右手握劍臂外旋向上、向前擺動，左劍指
向左擺出；目視前方。（圖41-2）

圖 41-3

第三段

（3）重心移至左腿並獨立支撐，右腿屈膝上抬，小腿內扣，右腳靠近左腿內側；右手握劍以腕為軸經下向後、向前在體右側立圓繞行一周，左劍指屈肘下落；目視前方。（圖41-3）

圖 41-4

第三段

　（4）左腿微屈，右腳向右斜後方落步；右手握劍向前、向下點劍，劍尖低於劍柄，左劍指前擺屈肘收至右臂內側，指尖向上；目視劍尖方向。（圖 41-4）

圖 42

第三段

## 42. 提膝帶劍

重心後移，左腿蹬地後屈膝上抬，小腿內扣，腳面繃平，右腿直立並獨立支撐；上體微右轉；右手握劍臂內旋向右上方帶起，劍尖斜向下，左劍指向左下方伸出，虎口向上，臂伸直；目視左劍指。（圖42、42反）

圖 42 反

第三段

圖 43-1

第四段

## 43. 左右抹劍

　（1）上體右轉，右腿屈膝下蹲，左腳向後落步，前腳掌著地；右手握劍向上擺起，左劍指右擺屈肘收至右臂內側；目視前方。（圖43-1）

圖 43-2

第四段

（2）上體左轉；重心移至兩腿間並微
屈；右手握劍臂外旋經右向前平擺，手心向
上，左劍指向左後擺出；目視前方。（圖 43-
2）

圖 43-3

第四段

（3）兩腿動作不變；上體繼續左轉；右手握劍隨之向左平擺，手心向上，左劍指屈肘收至右腕內側，手心向下；目視劍尖方向。（圖 43-3）

圖 43-4

第四段

　（4）身體右轉微前俯；左腿伸直並獨立
支撐，右腿屈膝上抬，小腿內扣，腳面繃平；
右手握劍隨體轉臂內旋，手心向下並向前、向
右後弧形平擺，左劍指後擺；目視前方。（圖
43-4）

159

圖 44

第四段

## 44. 上步刺劍

　　右腳向前落步，腿微屈；同時，右手握劍
經右腰側向前直臂刺出，虎口向上，左劍指前
擺屈肘收至右臂內側；目視前方。（圖 44）

圖 45-1

第四段

## 45. 轉身剪腕花

（1）右手握劍以腕為軸經上向後、向前上在體右側立圓繞行，左劍指後擺；目視前方。（圖 45-1）

161

圖 45-2

第四段

（2）重心移至右腿，右腳前腳掌為軸，身體右後轉，邊轉身左腳邊上步落於右腳內側，前腳掌著地，兩腿伸直；右手握劍向左、向下隨轉體向上擺起，左劍指擺至體前。（圖45-2）

圖45-3

第四段

（3）身體繼續右後轉，左腿微屈，右腳向前上步，腳尖外展；右手握劍以腕為軸向下、向上在體右側立圓繞行一周後下落體前，虎口向上，左劍指擺至體後；目視前方。（圖45-3）

圖 46-1

第四段

## 46.擊步點劍

（1）身體繼續右轉；左腳向左上步，腳尖微內扣，兩腿微屈；右手握劍繼續向下、向右並隨轉體向上立圓擺起，左劍指經下向左擺起；目視左前方。（圖46-1）

164

圖 46-2

第四段

（2）左腳蹬地跳起，右腳左擺並在空中擊碰左腳，兩腿伸直，腳面繃平；右手握劍經上向右點出，劍尖低於劍柄，左劍指上擺舉於頭部左上方；目視劍尖方向。（圖46-2）

165

圖 46-3

第四段

（3）右腳落地，左腳向左落步；兩臂動作不變。（圖 46-3）

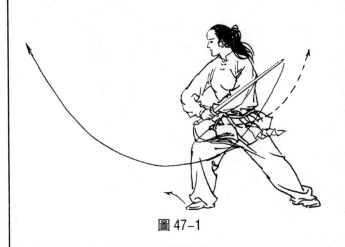

圖 47-1

第四段

## 47. 墊步反撩劍

（1）身體右轉；右腳隨轉體向前上步，腳尖微外展；右手握劍以腕為軸向下、向上立圓繞行一周並下落體左側，左劍指下擺屈肘收至體前；目視前方。（圖 47-1）

167

圖 47-2

第四段

　　（2）重心移至右腿，右腳蹬地跳起，左腿屈膝上抬，小腿內扣、腳面繃平；同時，右手握劍臂內旋向下、向前反臂撩出，虎口向下，左劍指後擺；目視前方。（圖47-2）

圖 48-1

第四段

## 48. 弓步刺劍

（1）右腳向前落步，左腳向右腳前方落步，腳尖外展，兩腿微屈；左劍指下落。（圖48-1）

169

圖 48-2

第四段

　（2）左腳蹬地跳起後向前落步，右腿屈膝上抬，小腿內扣；右手握劍以腕為軸經下向後、向前在體左側立圓繞行一周後屈肘收至胸前，左劍指向前擺至劍柄內側；目視前方。（圖48-2）

圖48-3

第四段

　（3）重心前移，右腳向前落步，同時左
腳向後退半步，右腿屈膝半蹲，左腿伸直成右
弓步；右手握劍臂內旋向前刺出，虎口向上，
左劍指向後直臂伸出；目視前方。（圖48-
3）

圖 49

第四段

## 49. 仆步崩劍

　　身體重心後移，右腿伸直，左腿屈膝全蹲成右仆步；右手握劍下落並向下沉腕使劍尖向上擺起，劍柄靠近右腿，左劍指前擺屈肘收至右臂內側；目視前方。（圖49）

圖 50-1

第四段

## 50. 插步平斬劍

（1）重心上起並左移，左腿微屈，身體左轉；右手握劍隨體轉經上向前擺落，左劍指後擺；目視前方。（圖 50-1）

圖 50-2

第四段

（2）右腿屈膝下蹲，左腳向右腳後方退步，前腳掌著地，腿伸直；右手握劍經前向右、向後擺出，手心向下，左劍指向上擺至頭部左上方；上抬向右擰轉；目視後方。（圖 50-2）

圖 51-1

第四段

### 51. 轉身雲接劍

（1）重心上起，左腳向左前方上步，腳尖外展；身體微左轉，右手握劍向右、向上擺起，左劍指下落；目視前方。（圖 51-1）

175

圖 51–2

第四段

　　（2）身體繼續左轉，右腳向左腳內側靠
攏，前腳掌著地，兩腿伸直；右手握劍以腕為
軸隨轉體向前、向後在頭部上方平圓繞行一
周，左劍指上擺接握劍柄。（圖 51–2）

圖 51-3

第四段

（3）身體繼續左轉，右腳向右後方退
步，前腳掌著地，兩腿微屈；左手接握劍柄後
繼續向左平擺；目視前方。（圖51-3）

圖 51-4

第四段

　（4）重心後移，右腿直立，左腳向右腳
內側收回；左手持劍下落，劍尖向上，右手成
劍指經下向後上方擺起，手心向上；目視右劍
指。（圖 51-4）

圖 52

第四段

## 52. 虛步持劍

　　右腿屈膝半蹲，左腳向左前方落步，腳尖點地成虛步；左手持劍屈肘臂內旋收至身體左前方，劍身豎直，右劍指微屈肘經前下落至左腕內側，指尖向上；目視斜前方。（圖52）

圖 53-1

第四段

## 53. 丁字步提劍

　　（1）重心上起，左腳向斜前方上步，腳尖微內扣，兩腿微屈；左手持劍前擺，右劍指後擺屈肘收至右腰側，手心向上；目視右前方。（圖 53-1）

圖 53-2

第四段

（2）左腿直立，右腳向左腳內側貼靠成
丁字步；左手持劍屈肘擺至左腰側，手心向
內，劍尖斜向下，右劍指向右上擺起後臂內旋
抖腕擺至斜上方；目視斜前方。（圖53-2）

圖 54-1

第四段

## 54. 收　勢

（1）右腳向右側橫跨一步，腳尖向前；左手持劍和右劍指同時下落體兩側；目視前方。（圖 54-1）

圖 54-2

第四段

（2）重心右移，左腳向右腳內側併攏，兩腿
直立；左手持劍下垂於體左側，右劍指成掌貼
靠右腿外側；挺胸、收腹；目視前方。（圖
54-2）

183

全套動作演示

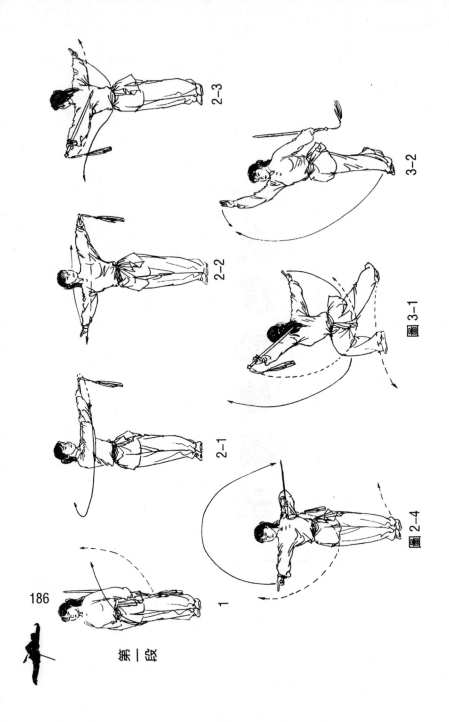

第一段

1

2-1

2-2

2-3

圖 2-4

圖 3-1

3-2

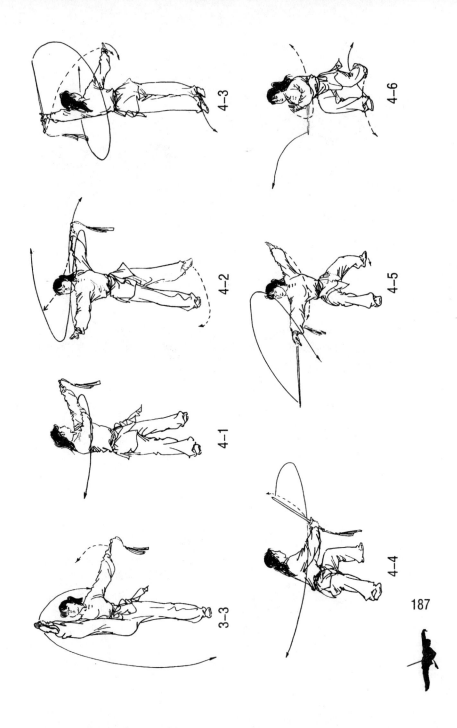

4-3

4-6

4-2

4-5

4-1

3-3

4-4

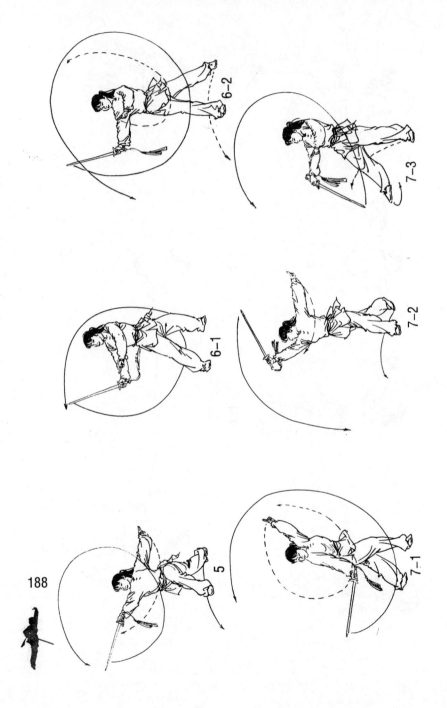

8

9-4

7-5

9-3

9-2

7-4

9-1

189

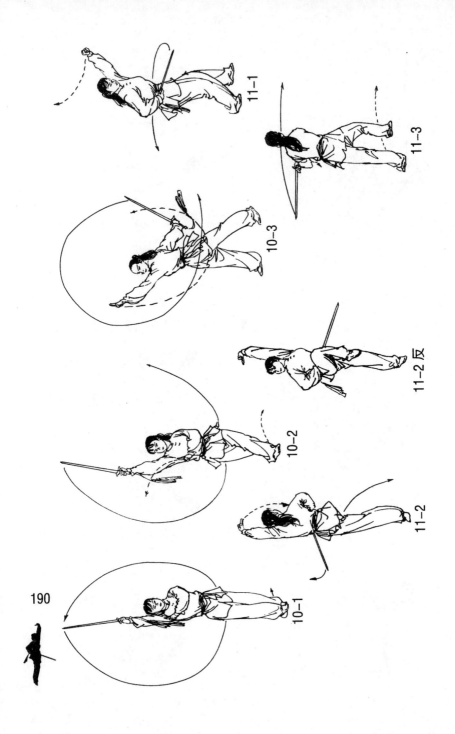

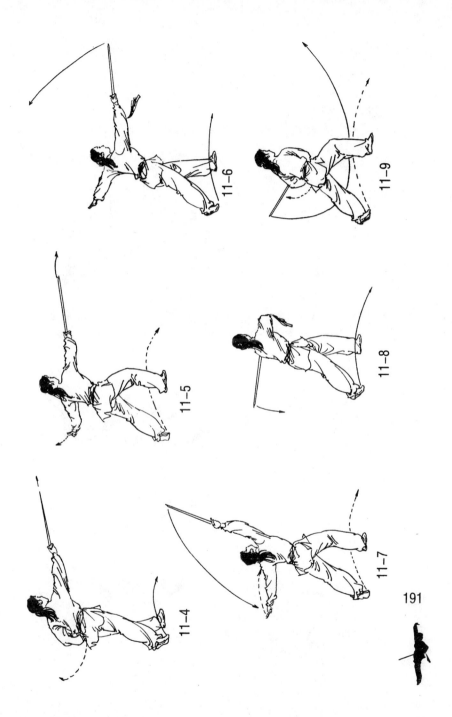

11-6

11-9

11-5

11-8

11-4

11-7

191

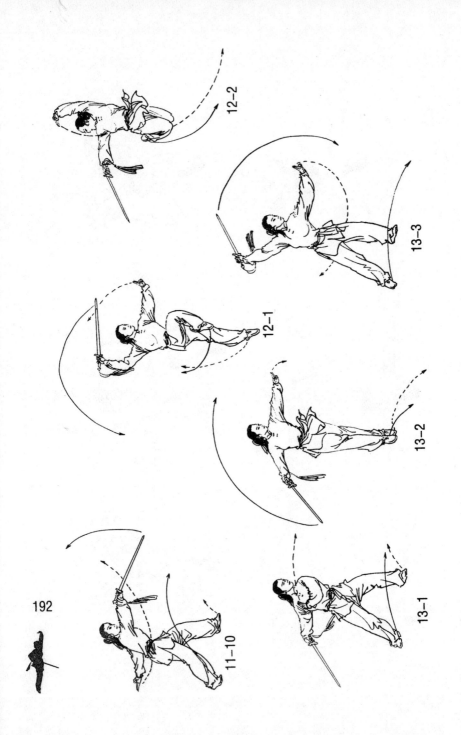

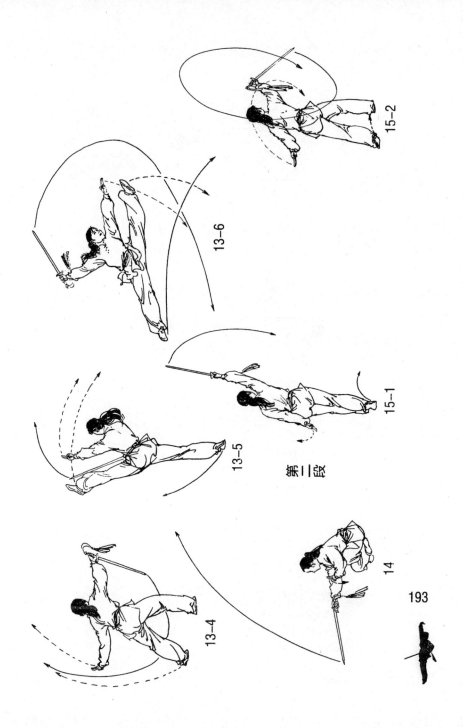

15-2

13-6

15-1

13-5

第二段

13-4

14

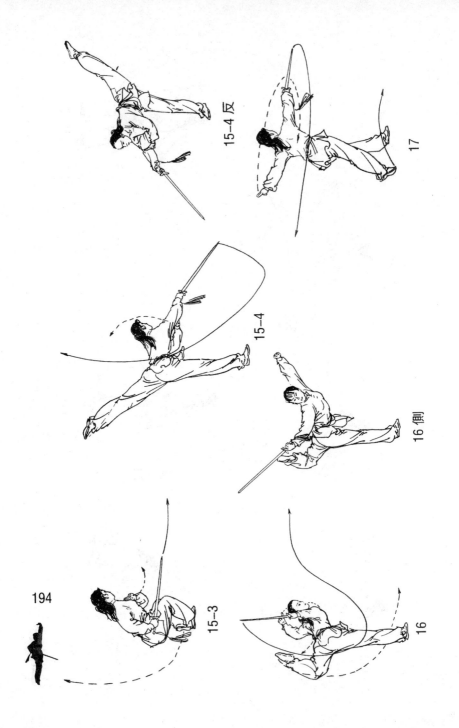

15-4 反

17

15-4

16 側

15-3

194

16

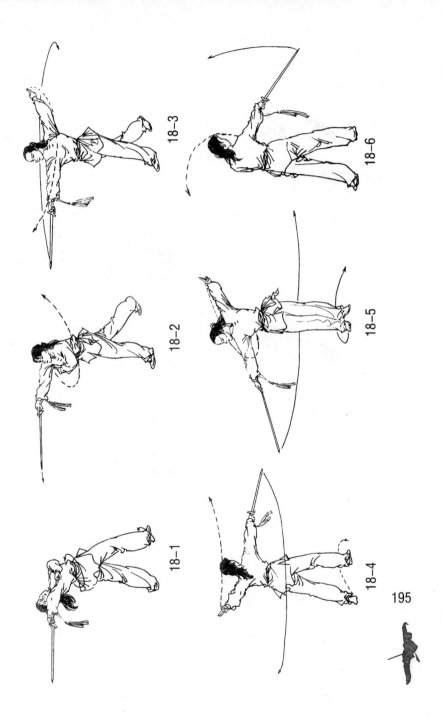

18-3

18-6

18-2

18-5

18-1

18-4

195

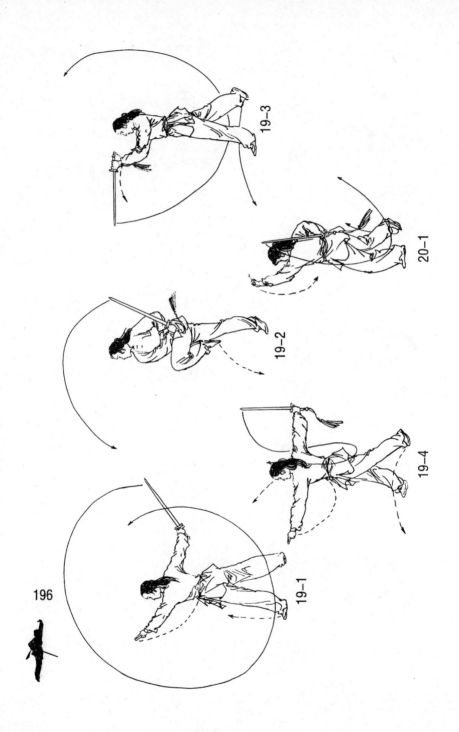

19-3

20-1

19-2

19-4

19-1

196

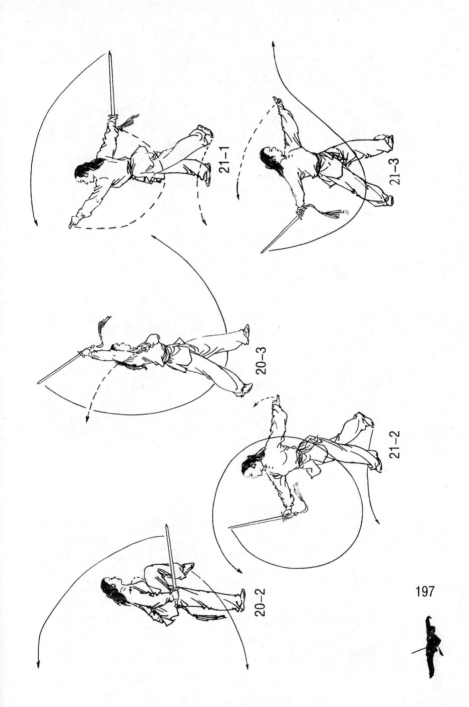

21-1

21-3

20-3

21-2

20-2

197

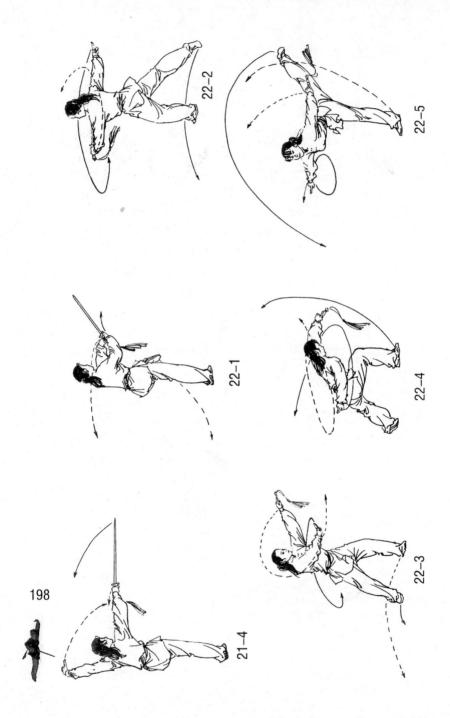

22-2

22-5

22-1

22-4

198

21-4

22-3

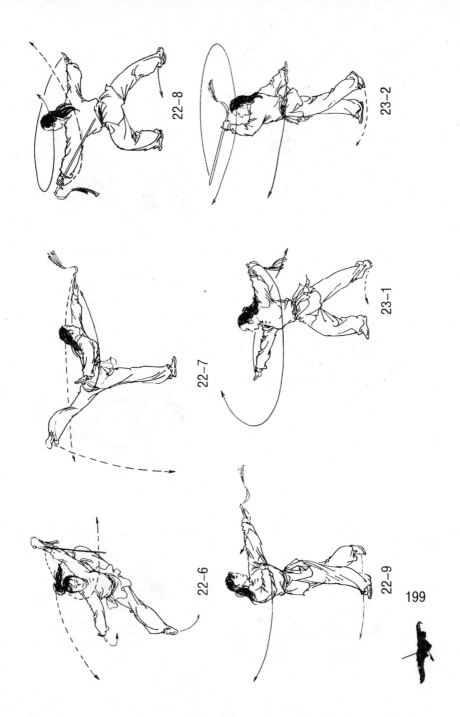

22-8

23-2

22-7

23-1

22-6

22-9

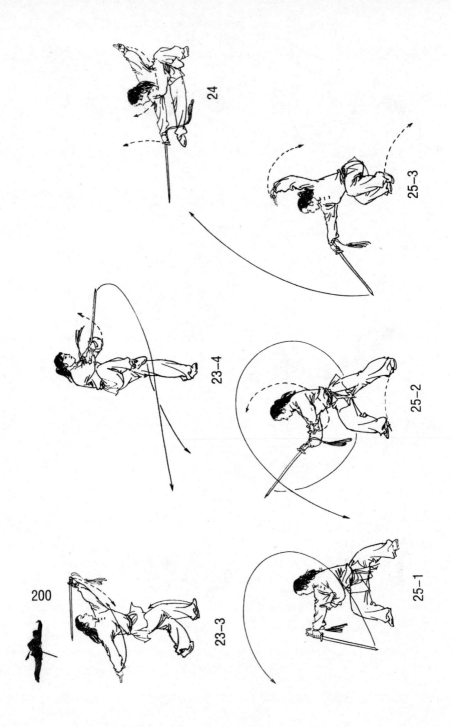

24

25-3

23-4

25-2

23-3

25-1

200

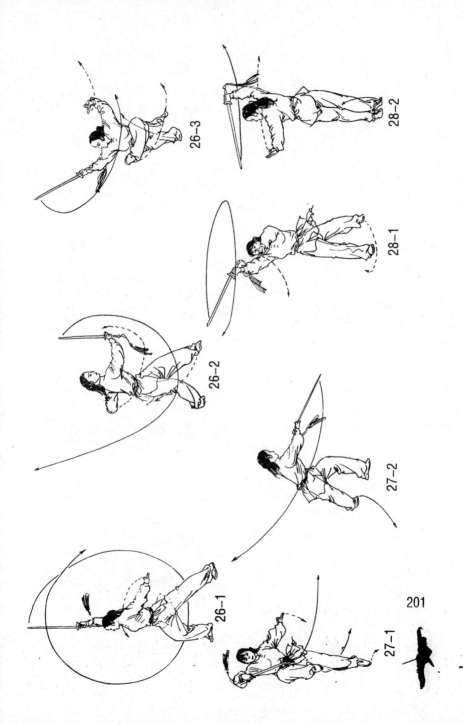

26-3

28-2

28-1

26-2

27-2

26-1

27-1

201

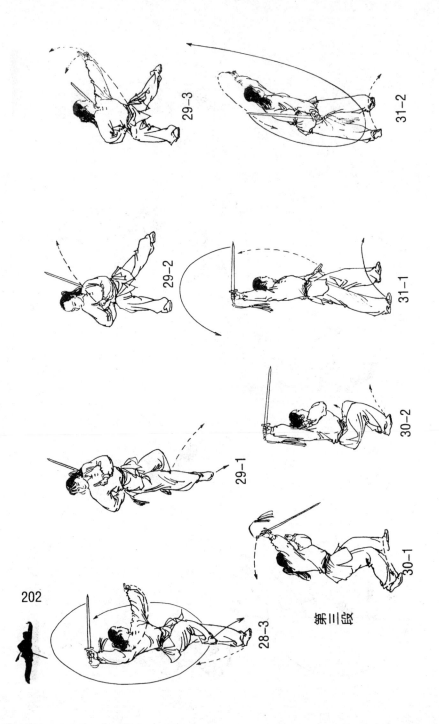

29-3

31-2

29-2

31-1

30-2

29-1

30-1

第三段

202

28-3

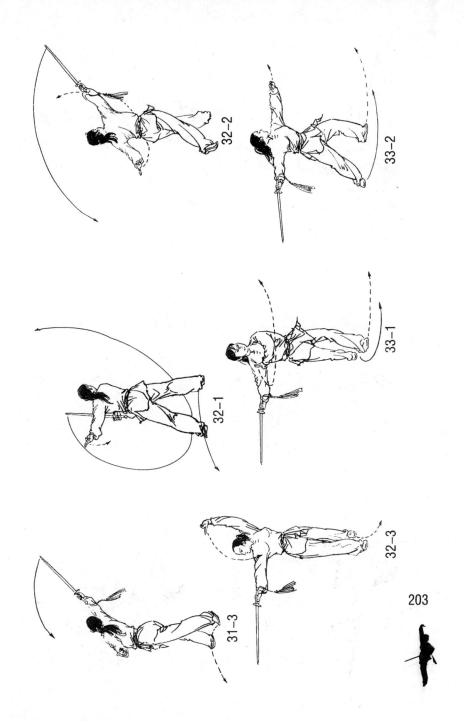

32-2

33-2

32-1

33-1

32-3

31-3

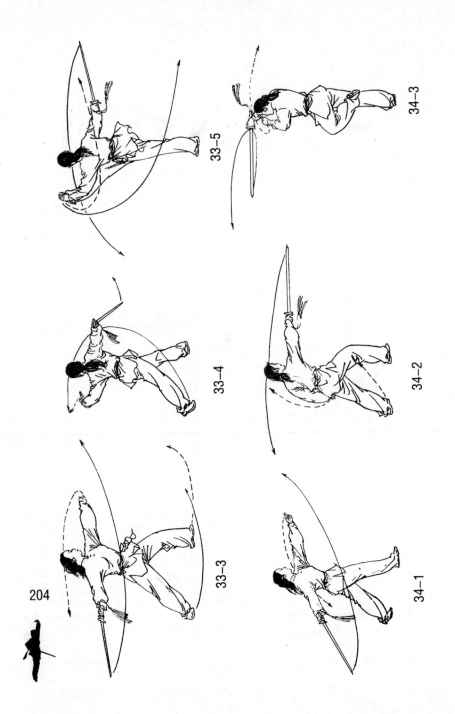

204

35-2

36-3

35-1

36-2

34-4

36-1

205

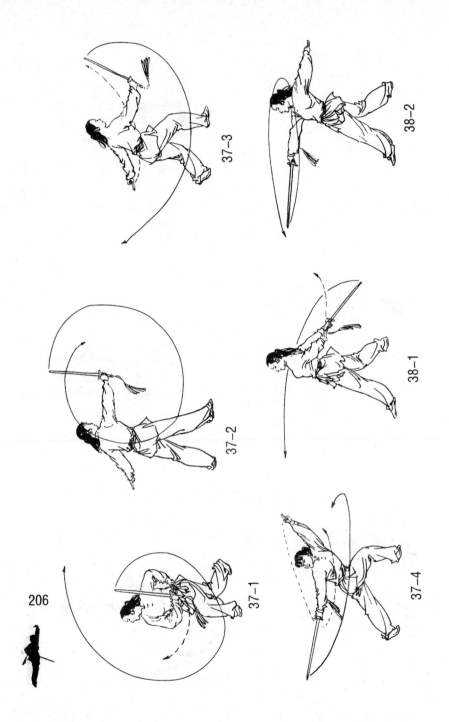

37-3

38-2

37-2

38-1

37-1

37-4

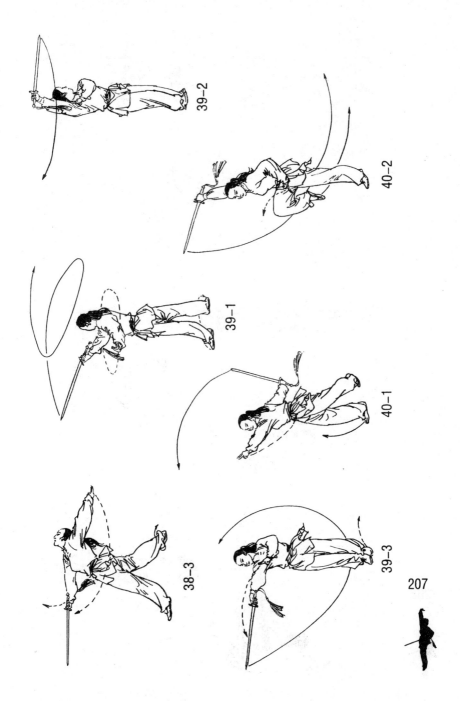

39-2

40-2

39-1

40-1

38-3

39-3

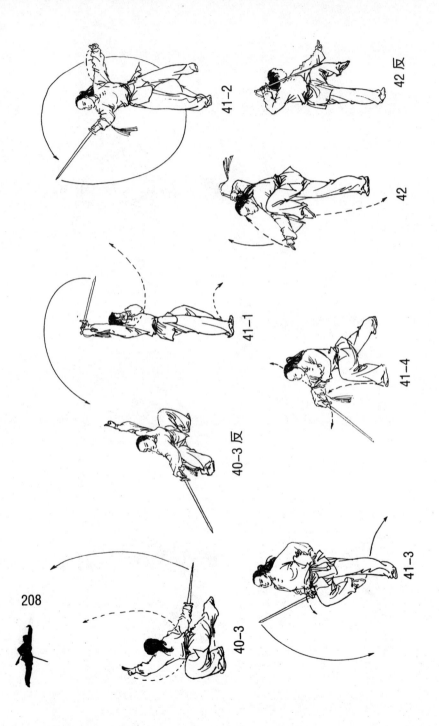

41-2

42 反

42

41-1

41-4

40-3 反

41-3

40-3

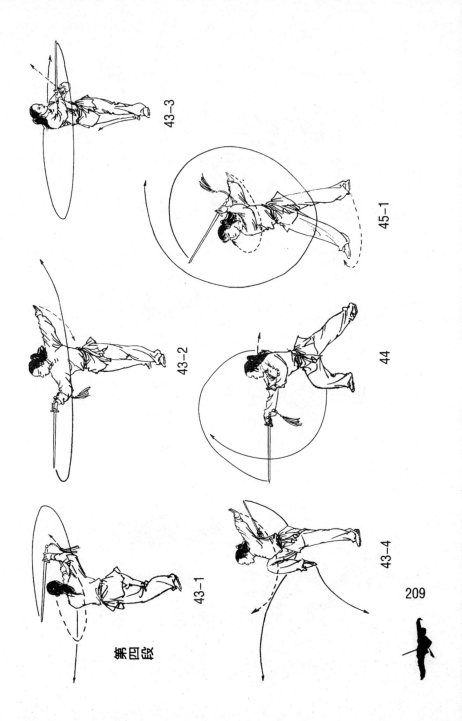

43-3

45-1

43-2

44

43-1

43-4

第四段

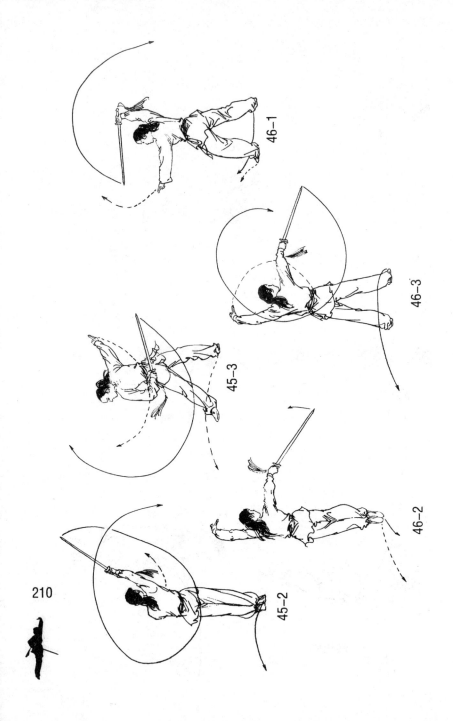

46-1

46-3

45-3

46-2

45-2

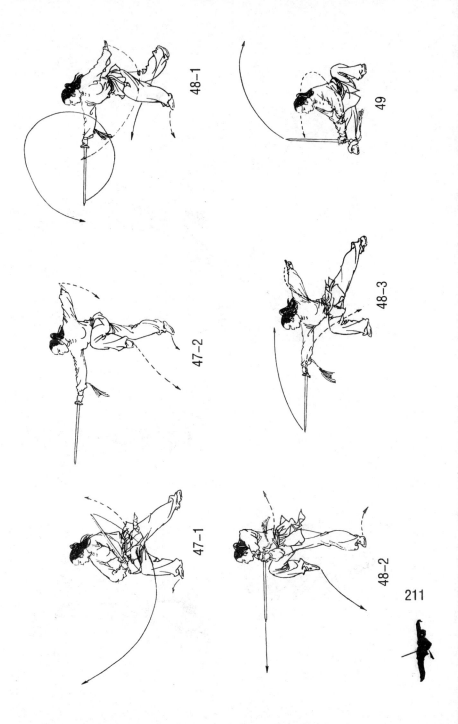

48-1

49

47-2

48-3

47-1

48-2

211

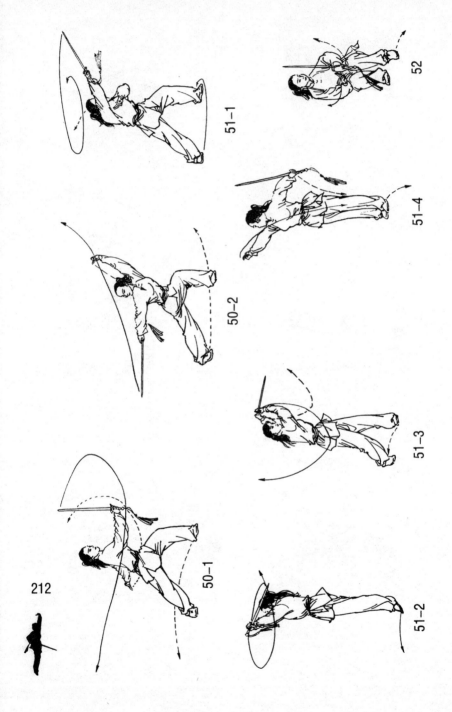

212

51-1

52

51-4

50-2

51-3

50-1

51-2

54-2

54-1

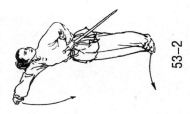

53-2

53-1

213

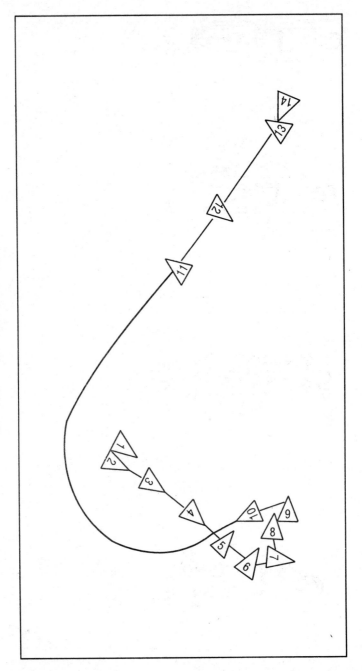

第一段　動作路線示意圖

第二段　動作路線示意圖

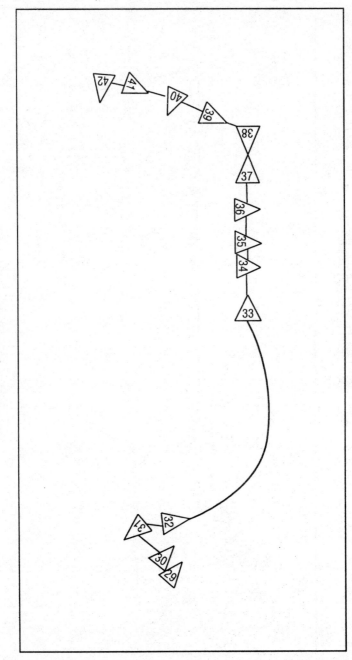

第三段　動作路線示意圖

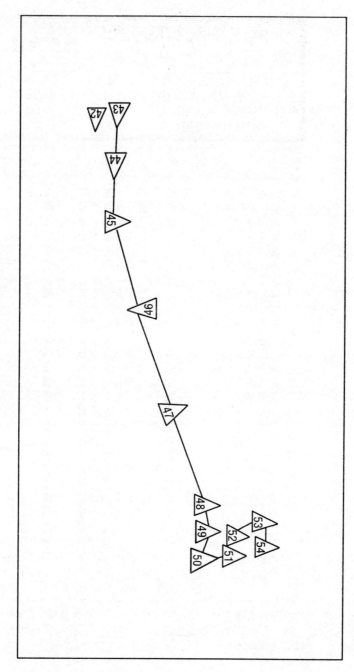

## 大展出版社有限公司
## 品冠文化出版社

圖書目錄

地址：台北市北投區(石牌)　　電話：(02)28236031
　　　致遠一路二段12巷1號　　　　28236033
郵撥：01669551＜大展＞　　　　　　28233123
　　　19346241＜品冠＞　　傳真：(02)28272069

### ·少 年 偵 探· 品冠編號66

| | | | | | |
|---|---|---|---|---|---|
| 1. | 怪盜二十面相 | （精） | 江戶川亂步著 | 特價 | 189元 |
| 2. | 少年偵探團 | （精） | 江戶川亂步著 | 特價 | 189元 |
| 3. | 妖怪博士 | （精） | 江戶川亂步著 | 特價 | 189元 |
| 4. | 大金塊 | （精） | 江戶川亂步著 | 特價 | 230元 |
| 5. | 青銅魔人 | （精） | 江戶川亂步著 | 特價 | 230元 |
| 6. | 地底魔術王 | （精） | 江戶川亂步著 | 特價 | 230元 |
| 7. | 透明怪人 | （精） | 江戶川亂步著 | 特價 | 230元 |
| 8. | 怪人四十面相 | （精） | 江戶川亂步著 | 特價 | 230元 |
| 9. | 宇宙怪人 | （精） | 江戶川亂步著 | 特價 | 230元 |
| 10. | 恐怖的鐵塔王國 | （精） | 江戶川亂步著 | 特價 | 230元 |
| 11. | 灰色巨人 | （精） | 江戶川亂步著 | 特價 | 230元 |
| 12. | 海底魔術師 | （精） | 江戶川亂步著 | 特價 | 230元 |
| 13. | 黃金豹 | （精） | 江戶川亂步著 | 特價 | 230元 |
| 14. | 魔法博士 | （精） | 江戶川亂步著 | 特價 | 230元 |
| 15. | 馬戲怪人 | （精） | 江戶川亂步著 | 特價 | 230元 |
| 16. | 魔人銅鑼 | （精） | 江戶川亂步著 | 特價 | 230元 |
| 17. | 魔法人偶 | （精） | 江戶川亂步著 | 特價 | 230元 |
| 18. | 奇面城的秘密 | （精） | 江戶川亂步著 | 特價 | 230元 |
| 19. | 夜光人 | （精） | 江戶川亂步著 | 特價 | 230元 |
| 20. | 塔上的魔術師 | （精） | 江戶川亂步著 | 特價 | 230元 |
| 21. | 鐵人Q | （精） | 江戶川亂步著 | 特價 | 230元 |
| 22. | 假面恐怖王 | （精） | 江戶川亂步著 | 特價 | 230元 |
| 23. | 電人M | （精） | 江戶川亂步著 | 特價 | 230元 |
| 24. | 二十面相的詛咒 | （精） | 江戶川亂步著 | 特價 | 230元 |
| 25. | 飛天二十面相 | （精） | 江戶川亂步著 | 特價 | 230元 |
| 26. | 黃金怪獸 | （精） | 江戶川亂步著 | 特價 | 230元 |

### ·生 活 廣 場· 品冠編號61

| | | | |
|---|---|---|---|
| 1. | 366天誕生星 | 李芳黛譯 | 280元 |
| 2. | 366天誕生花與誕生石 | 李芳黛譯 | 280元 |
| 3. | 科學命相 | 淺野八郎著 | 220元 |

## ·女醫師系列· 品冠編號 62

## ·傳統民俗療法· 品冠編號 63

## ·常見病藥膳調養叢書· 品冠編號 631

| 1. 脂肪肝四季飲食 | 蕭守貴著 | 200 元 |
|---|---|---|
| 2. 高血壓四季飲食 | 秦玖剛著 | 200 元 |
| 3. 慢性腎炎四季飲食 | 魏從強著 | 200 元 |
| 4. 高脂血症四季飲食 | 薛輝著 | 200 元 |
| 5. 慢性胃炎四季飲食 | 馬秉祥著 | 200 元 |
| 6. 糖尿病四季飲食 | 王耀獻著 | 200 元 |
| 7. 癌症四季飲食 | 李忠著 | 200 元 |

## ・彩色圖解保健・品冠編號 64

| 1. 瘦身 | 主婦之友社 | 300 元 |
|---|---|---|
| 2. 腰痛 | 主婦之友社 | 300 元 |
| 3. 肩膀痠痛 | 主婦之友社 | 300 元 |
| 4. 腰、膝、腳的疼痛 | 主婦之友社 | 300 元 |
| 5. 壓力、精神疲勞 | 主婦之友社 | 300 元 |
| 6. 眼睛疲勞、視力減退 | 主婦之友社 | 300 元 |

## ・心 想 事 成・品冠編號 65

| 1. 魔法愛情點心 | 結城莫拉著 | 120 元 |
|---|---|---|
| 2. 可愛手工飾品 | 結城莫拉著 | 120 元 |
| 3. 可愛打扮 & 髮型 | 結城莫拉著 | 120 元 |
| 4. 撲克牌算命 | 結城莫拉著 | 120 元 |

## ・熱 門 新 知・品冠編號 67

| 1. 圖解基因與 DNA | （精） | 中原英臣 主編 | 230 元 |
|---|---|---|---|
| 2. 圖解人體的神奇 | （精） | 米山公啟 主編 | 230 元 |
| 3. 圖解腦與心的構造 | （精） | 永田和哉 主編 | 230 元 |
| 4. 圖解科學的神奇 | （精） | 鳥海光弘 主編 | 230 元 |
| 5. 圖解數學的神奇 | （精） | 柳谷晃 著 | 250 元 |
| 6. 圖解基因操作 | （精） | 海老原充 主編 | 230 元 |
| 7. 圖解後基因組 | （精） | 才園哲人 著 | |

## ・法律專欄連載・大展編號 58

台大法學院　　法律學系／策劃
　　　　　　　　法律服務社／編著

| 1. 別讓您的權利睡著了 (1) | 200 元 |
|---|---|
| 2. 別讓您的權利睡著了 (2) | 200 元 |

## ・武 術 特 輯・大展編號 10

| 1. 陳式太極拳入門 | 馮志強編著 | 180 元 |
|---|---|---|

46. <珍貴本>陳式太極拳精選　　　　馮志強著　280元
47. 武當趙保太極拳小架　　　　　　鄭悟清傳授　250元
48. 太極拳習練知識問答　　　　　　邱丕相主編　220元
49. 八法拳 八法槍　　　　　　　　　武世俊著　220元

## ・彩色圖解太極武術・ 大展編號 102

1. 太極功夫扇　　　　　　　　　　李德印編著　220元
2. 武當太極劍　　　　　　　　　　李德印編著　220元
3. 楊式太極劍　　　　　　　　　　李德印編著　220元
4. 楊式太極刀　　　　　　　　　　王志遠著　220元

## ・名師出高徒・ 大展編號 111

1. 武術基本功與基本動作　　　　　劉玉萍編著　200元
2. 長拳入門與精進　　　　　　　　吳彬 等著　220元
3. 劍術刀術入門與精進　　　　　　楊柏龍等著　220元
4. 棍術、槍術入門與精進　　　　　邱丕相編著　220元
5. 南拳入門與精進　　　　　　　　朱瑞琪編著　220元
6. 散手入門與精進　　　　　　　　張 山等著　220元
7. 太極拳入門與精進　　　　　　　李德印編著　280元
8. 太極推手入門與精進　　　　　　田金龍編著　220元

## ・實用武術技擊・ 大展編號 112

1. 實用自衛拳法　　　　　　　　　溫佐惠 著　250元
2. 搏擊術精選　　　　　　　　　　陳清山等著　220元
3. 秘傳防身絕技　　　　　　　　　程崑彬 著　230元
4. 振藩截拳道入門　　　　　　　　陳琦平 著　220元
5. 實用擒拿法　　　　　　　　　　韓建中 著　220元
6. 擒拿反擒拿88法　　　　　　　　韓建中 著　250元
7. 武當秘門技擊術入門篇　　　　　高 翔 著　250元
8. 武當秘門技擊術絕技篇　　　　　高 翔 著　250元

## ・中國武術規定套路・ 大展編號 113

1. 螳螂拳　　　　　　　　　　中國武術系列　300元
2. 劈掛拳　　　　　　　　　規定套路編寫組　300元
3. 八極拳　　　　　　　　　　國家體育總局　250元

## ・中華傳統武術・ 大展編號 114

1. 中華古今兵械圖考　　　　　　　裴錫榮 主編　280元
2. 武當劍　　　　　　　　　　　　陳湘陵 編著　200元

| 3. 梁派八卦掌（老八掌） | 李子鳴 遺著 | 220 元 |
|---|---|---|
| 4. 少林 72 藝與武當 36 功 | 裴錫榮 主編 | 230 元 |
| 5. 三十六把擒拿 | 佐藤金兵衛 主編 | 200 元 |
| 6. 武當太極拳與盤手 20 法 | 裴錫榮 主編 | 220 元 |

## ·少 林 功 夫· 大展編號 115

| 1. 少林打擂秘訣 | 德虔、素法 編著 | 300 元 |
|---|---|---|
| 2. 少林三大名拳 炮拳、大洪拳、六合拳 | 門惠豐 等著 | 200 元 |
| 3. 少林三絕 氣功、點穴、擒拿 | 德虔 編著 | 300 元 |
| 4. 少林怪兵器秘傳 | 素法 等著 | 250 元 |
| 5. 少林護身暗器秘傳 | 素法 等著 | 220 元 |
| 6. 少林金剛硬氣功 | 楊維 編著 | 250 元 |
| 7. 少林棍法大全 | 德虔、素法 編著 | |

## ·原地太極拳系列· 大展編號 11

| 1. 原地綜合太極拳 24 式 | 胡啟賢創編 | 220 元 |
|---|---|---|
| 2. 原地活步太極拳 42 式 | 胡啟賢創編 | 200 元 |
| 3. 原地簡化太極拳 24 式 | 胡啟賢創編 | 200 元 |
| 4. 原地太極拳 12 式 | 胡啟賢創編 | 200 元 |
| 5. 原地青少年太極拳 22 式 | 胡啟賢創編 | 200 元 |

## · 道 學 文 化· 大展編號 12

| 1. 道在養生：道教長壽術 | 郝勤 等著 | 250 元 |
|---|---|---|
| 2. 龍虎丹道：道教內丹術 | 郝勤 著 | 300 元 |
| 3. 天上人間：道教神仙譜系 | 黃德海著 | 250 元 |
| 4. 步罡踏斗：道教祭禮儀典 | 張澤洪著 | 250 元 |
| 5. 道醫窺秘：道教醫學康復術 | 王慶餘等著 | 250 元 |
| 6. 勸善成仙：道教生命倫理 | 李 剛著 | 250 元 |
| 7. 洞天福地：道教宮觀勝境 | 沙銘壽著 | 250 元 |
| 8. 青詞碧簫：道教文學藝術 | 楊光文等著 | 250 元 |
| 9. 沈博絕麗：道教格言精粹 | 朱耕發等著 | 250 元 |

## · 易 學 智 慧· 大展編號 122

| 1. 易學與管理 | 余敦康主編 | 250 元 |
|---|---|---|
| 2. 易學與養生 | 劉長林等著 | 300 元 |
| 3. 易學與美學 | 劉綱紀等著 | 300 元 |
| 4. 易學與科技 | 董光壁著 | 280 元 |
| 5. 易學與建築 | 韓增祿著 | 280 元 |
| 6. 易學源流 | 鄭萬耕著 | 280 元 |
| 7. 易學的思維 | 傅雲龍等著 | 250 元 |

國家圖書館出版品預行編目資料

劍術／李杰　主編　國際武術聯合會　審定　程慧琨　執筆
　　——初版，——臺北市，大展，2003〔民92〕
　　　面；21公分，——（國際武術競賽套路；2）
　　　ISBN　957-468-251-x（平裝）

1. 劍術
528.975　　　　　　　　　　　　　　　　92013663

北京人民體育出版社授權中文繁體字版

# 劍　術

ISBN 957-468-251-x

主 編 者／李　　杰
審　　定／國際武術聯合會
執　　筆／程 慧 琨
責任編輯／鄭 小 鋒
發 行 人／蔡 森 明
出 版 者／大展出版社有限公司
社　　址／台北市北投區（石牌）致遠一路2段12巷1號
電　　話／（02）28236031・28236033・28233123
傳　　眞／（02）28272069
郵政劃撥／01669551
網　　址／www.dah-jaan.com.tw
E – mail ／dah_jaan@pchome.com.tw
登 記 證／局版臺業字第2171號
承 印 者／高星印刷品行
裝　　訂／協億印製廠股份有限公司
排 版 者／弘益電腦排版有限公司
初版1刷／2003年（民92年）11月

定　價／220元

●本書若有破損、缺頁敬請寄回本社更換●

大展好書　好書大展
品嘗好書　冠群可期